Hemisferio Derecho

HEMISFERIO DERECHO

Sheila Arocha

eRIGINAL Books

Publicado por Eriginal Books LLC
Miami, Florida
www.eriginalbooks.com
www.eriginalbooks.net

HEMISFERIO DERECHO
© Sheila Arocha, 2016
Edición: Alcides Herrera
© diseño de portada y maquetación: Shaping.Ideas, 2016
© de esta edición: Eriginal Books LLC, 2016

Se prohíbe la reproducción total o parcial de esta obra
—incluido el diseño tipográfico y de portada—,
sea cual fuere el medio, electrónico o mecánico,
sin el consentimiento por escrito del autor.

Printed in the United States of America

ISBN: 978-1-61370-079-2

> "(...) hasta que el sol caiga del cielo
> y el paraíso se queme en la conflagración".
> NED MARTEL

En esta fría mañana de invierno
quiero ser ese árbol pequeño
de la esquina
-¡con cada roce de calor se alegra!-;
pero no soy más que el viento frío
haciéndole bailar.
Memorias de esa tierra traigo
(allí se robaron la semilla),
y de su cercana-segura muerte.

Pupila (adentro)

Incitando dibujos espiga el aguacate.
De grano a resquicio va mi última promesa,
pupila (adentro). Contemplación incesante,
julio y agosto en esa esquina de mi mente,
tus pies junto a los míos. Huele a sombra húmeda,
con gesto prudente entierro el norte,
peino tu brazo. Con la muñeca
induzco la ensoñación,
instrumento (de poder) elástico (negro).
Paisaje afín que dice, sin misterio, tu existencia.
Libro sin gráficas ni espacios blancos,
con letras de tamaño ansioso, número 11.
Los ojos del viajero rojo forman túneles de hilo
hasta el margen de tu cama.
Allí existo por las noches, te repaso.
Acumulo tu olor en el vaso
del que bebo lluvia. Incoherente cercanía
esta semana, cada tarde. Extremidad fantasma,
provocación, reflejo corporal que aún no controlo.
Alcance eficaz, tu beso.

Guerreros del nervio

De hábito índigo
es la legión de monjes
(guerreros del nervio).
Bajo aguaceros de noviembre
se desplazan
hasta la orilla
del punto
de sosiego
(esa otra longitud
donde también
te quiero, igual
pero a la vez mejor),
son eco.
Golpe de viento,
nocturno reclamo
que me llama,
como en las películas
de Coppola,
y es inevitable:
pienso en ti.
Me pregunto
si escuchas,
si me concentro
en la intención,
la sed,
concupiscencia nocturna

(número) tres:
estar allí.
¿Me escucharías?
Entretanto soy testigo
de la belleza
de esta noche,
de lo que sé
y es cierto:
no es legión piadosa
la del hábito índigo,
mis guerreros del nervio.

Catá y Korsakov

Los Olivos, Catá. Espectadora,
monocromática, la sala de un quinto piso.
Sombrero de flores. Korsakov espera
a tu lado. Del blanco y negro
el vuelo del moscardón es complemento, anunciación:
llegó Betty Boop. Literatura
(matemática), tres páginas, cinco minutos.
Hay que reinventarse. El diluvio
de próceres. Reto. Somos uno. ¿Por qué tratas?
Yo lo sé. Yo también lo ansío todo.
Locura sin necesidad de ansiolíticos. Magia.
El mejor piropo de la noche.

Esperando

para la Kiki, en sus días tristes

Estos golpes y la vida anunciando
la aurora al borde del camino.
Loco suicida. ¿Cómo sujeto el cuerpo?
Mi dilema busca a qué aferrarse. La soledad
se asusta cuando dos cuerpos (ajenos) se descubren
sin que tarde haya sido. Dos cuerpos
que nunca (se) ensoñaron antes.
Ella se sabe descubierta. La mirada
que se estrella contra el suelo. Angustia
por la ausencia. Olor a campo.
Como el Camino de las Cañas cualquier tarde
en bicicleta y el café de la esquina.
El petirrojo que te canta en un poste. Sobre
el asfalto de nuestra calle en la mañana.
Sólo para ti. Señora gris que te acaricia de azul.
La realidad efímera del mundo. Tu certeza.
Noche que acalambra el alma, silencio que dura
hasta la punta de los dedos. Recuerdos,
los que faltan y no vuelven. Tu valentía no puede
soportar. Ruidosamente, como un eco,
te mata el mundo. Todo cae.
Sin preguntas-respuestas yo te espero. Simple.

Entre Twain y Poe

Encuadernado en azul,
un perro salchicha (camino a su muerte)
piensa:
"el mundo es sombrío porque las niñas
no hablan perro;
más que dormir casi siempre solo,
más aún que oler y no poder probar
el chocolate".
Las mañanas son grises
en otoño porque los niños
no hablan lobo,
prefieren juegos de video
y ya no sueñan dulcineas.
Diciembre es una puerta al paraíso
de los duendes
y al chocolate caliente;
donde los perros son renos,
las dulcineas sueñan lobos y tú
y yo existimos,
como edición de lujo,
encuadernados de morado (oscuro),
implícitos,
en blanco y negro
y a veces
en tonos pastel.

Nueve

El alba, regalo del ermitaño,
se muestra gris
(no es triste). Por el noreste
entra el invitado oculto,
se impulsa,
hace del verde primer plano.
Memoria eólica
(en francés)
que regala frase simple
pero también visceral
(a 29 mph),
tono que despierta el pallidum.
Señalo la palca
donde crece nuestro Adansoni:
el Grandidieri.
Núcleo que engrana el día,
los átomos,
mi zona erógena.
En ella soy lo que estoy supuesta a ser
y tú
eres libre.

Mirlo (blanco)

Raíces laterales, aéreas, mi innatismo.
Desplazamiento hacia la tundra.
Banianos me sostienen
y (del lobo) transpiro la ataraxia.
Sendero a mi isbá, el nuestro,
punto de eutexia.
No anuncies tu presencia en el polvo,
escondámonos del mundo en prados aledaños.
La quieta mirada del muerto cambia todo.
Tu sofisma se presenta, es endeble.
Pretencioso, busca aquietar
los tremores que llegan a mi orilla.
Tremores a roce de un dedo,
adventicios, como amapola y aun
onda sonora (oscilante),
longitudinal, que acaricia mi Ajna.
Sucesión de cadenas de doble hélice
es mi deseo. Soy juicio imprudente.
Fuera de la tundra, atemperar la sed
es insania y el único consuelo
llega con Ofelia
y llega además con su petulancia.
Ver que mañana tal vez, o en un
futuro ensoñado,
son las dos como un porrón de arroz blanco
(acabadito de hacer). Como los que,

según el profe,
hacen en los templos vietnamitas
para alegrar el alma.
Donde medran los lobos memorias
que revelan resguardo,
un 33 que es seis.

Nada tengo

Entre infiernos de monotonía
nada tengo.
Una pequeña bolsa de piedras mágicas.
A nadie le consta.
Pude ser una chica (Almodóvar)
en las noches heladas de Normandía.
En esa realidad que abruma.
Al borde de un camino.
Esos tres. Los únicos. Los míos.
A quienes la distancia salva de un punto.
Este amor que hoy se vuelve hermano
y recita el futuro.
Hoy me pierdo en un país inmenso,
inesperado. Me aferro a lo salvaje.
Dejo de creer (un poco) en todo.
Soy lobo de montaña,
bulla que arrastra el río.

Esta mañana

Una mujer se arregla cada noche.
Máscara entrenada en el espejo.
La imagen obvia de quien busca (amor).
Recorre la ciudad. Exhibiendo esa mueca ensayada
en el espejo, esconde su tristeza.
Inunda las calles. Como un lobo cazando,
carga en el pecho la angustia del amanecer.
La diana. El regreso a la manada, sin máscara
en el rostro. Muere la espera, figura sábanas
vacías. Sepulcro de su alma.
Cierra sus ojos y parte al otro mundo
entre brumas de certeza. Respira hondo.
Algo la arrastra, de vuelta del ensueño.
Frenética, en deseo y temor, abre los ojos.
Ese lienzo blanco gritando la realidad
en su cara cada día. Esta mañana es diferente,
su rostro observa desde el cielo.
Esta mañana el embrujo es invencible.
Ella lo mira aún. Con dudas.
Decide poner fin a la angustia
de sus noches. Acepta el reto y besa el sol
que descubrió la puerta abierta.

Postura de monje

Imágenes grabadas en mi mente, a plumilla,
en blanco y negro, efectos de un color
que adivino. Memorias, 99, las ilustraciones
en los brazos de Mónica. Cuentos donde me pierdo
de tarde en tarde. La obsesión de las 7,
por anillos blancos, espectros, regalos
de su boca. Por su adicción a la velocidad
que piden las calles, a la noche.
La postura de monje, con motonetas,
mientras piensa en laboratorios
y herramientas. Irresistible naufragio.
Imagen que la vuelve figurativa por entre la música
de Sidonia. Aún te llevo entre hojas
y notas apuradas. El remedio para la eternidad
de este día, entre camareros de Guatemala
y olor a carne cruda. Contrapeso a la decadencia
recibida en papel, salario mínimo (justificado).
Al neurotismo de esta multitud
que cordialmente recibo.

Las efemérides

(Un día como hoy, nunca en la Costa Atlántica ni en la región del Gran Lago como muchos habían pensado y, consecuentemente, alertando a todos los habitantes a lo largo de la costa oeste de los Estados Unidos de América -a.k.a. el Yuma- y Canadá, nació el primer Wendigo, producto de un hambre insaciable que nada tiene que ver con su futura predilección por la carne canadiense, que es de primera ya que la atención médica es gratis. La perpetuidad de su hambre -pues el hambre más bien siempre estuvo ahí- tiene raíces entre latitud 25° 48′ N y longitud 80° 16′ W; un día como hoy y nunca de noche, en el que tuvo que conformarse -otra vez: "de alguna manera"- con helado de Butter Pecan, que no es otra cosa que pacana asada, mantequilla y sabor a vainilla. Le pasaron gato por liebre y esto dijo: "¡Esta mierda no llena!".)

Elemento: aire

La temporada de Libra trae viento que habla de ti,
del futuro, de todos.
En el centro comercial de Miami
hay un umbral de cierto paraíso.
Consciente veo la imaginación
en tercera dimensión (la mente humana),
envuelta en $(C2H3Cl)n1$:
policloruro de vinilo, rígido,
de alto valor energético, que no emite gases
dañinos para el organismo.
Henri Victor Regnault, tarde de 1835,
pifia de ver el universo (consecuencia de un error).
"Perdón, ¿me da consentimiento para el uso de
Celexa?".
Que no emite gases dañinos para el organismo;
de alto valor energético:
la enajenación alumbra los faroles,
es un espacio inodoro, insípido e inocuo.
Mi mente grita: "¡carpe diem!".
Cada segundo es inefable.
La temporada de Libra trae viento que habla de ti,
del futuro, de todos.

Intermedio sorpresa

Latinoamérica pica, se extiende.
Debe ser (el intermedio sorpresa).
El surco sur necesita otro tono. Movimiento.
El punto de encaje. Si estuvieras.
No. El Orfeo de noche de Prozac y luna (azul)
hoy es iglesia. Verde Catá. Ah,
Sancti Spíritus, brisa que levita.
Pero nunca de Colón ni de Raymundo.
Faltó la China, el mismo "¡Pero!".
Reafirmación y gesto. Me voy
a Choices. ¿Cafetería o Laboratorio?
Moción exaltada. Divino couscous.

Rítmica repetición

Juguemos a pretender.
Pretende: soy el viento de esta tarde;
tú, la flor del Flamboyán.
Absorbida (en) rítmica repetición.
Evocaciones del 97
hoy somos. Caricia que va y viene.
Vibración que despierta
un deseo (primario).
Danza que ensordece los sonidos: esta realidad.
Contemplativa convergencia, rojo
y verde. Ajenos y testigos
de todo lo demás. Acecho.
Blanco espectador traslúcido.
Juguemos a pretender
que no hay razones que precedan a este trance.
Imagina este instante, tu propósito.
Yo, esperada convección.

Razón matemática

a Delio Regueral

Un Sumo juega con la luna
donde Santa María libera
memorias del sur. Ecos del pasado
me persiguen desde el sendero
del pájaro hasta la carretera roja.
Delicadeza sombría, contemplación:
infinito látigo de rojo impulso y (aún)
así me enamoro.
"¿Por qué?", preguntas:
"Porque así lo siente mi hemisferio derecho
y eso es suficiente".
Un murmullo de pedal
rebela mi destino
y yo lo acepto:
"porque así lo siente mi hemisferio derecho"
aunque la alternativa sea tan,
o tal vez, más dulce.
No hace falta razón matemática;
nobody ever asked me if I want to live forever,
but I must go on, accepting:
the ephemeral quality of things
as needed truth, definite truth, the only truth
(and yes, in English),
"Porque así lo siente mi hemisferio derecho
y eso es suficiente."

Reparador de asonancias

a Alcides Herrera

Me falta el profe. Sobre papel,
de este a oeste, soy asonancia. Las seis
y quince. Intuición (aprendida) mi simetría.
Soplo. Vulgares intersecciones (rubio
en calzones). Cafetería, "C" dudosa,
hoy me acompañas. Atestiguas el odio.
Concuerdo: Sabana y burro, que no entonan.
Científicos dominicanos, se van a pique
las efemérides. El viernes le robaré
tu mochila a una ola. Vámonos al sur.
La punta más larga (nos) espera.
Dentro del triángulo azul luna.

Umbral del Hades

Cuando me lo permitas
te enseñaré el lugar
donde podrás esperarme
(por) siempre: sin nubes frías
de diciembre, desviaciones
de domínica, martes que se tornan jueves;
es núcleo que cuelga fijo
como cartelera para espectadores
(dobladores del tiempo).
El cancerbero siempre acecha,
reconoce el poder en la carta
que resguardo:
baraja blanca (arconte),
es música y es miel;
y no se detendrá en el umbral del Hades,
cual salvador (sin alas) nos halará
de vuelta de las llamas.
¿Acaso será otro nuestro azar?:
quizás no hicimos suficiente mientras
fuimos hombres para merecer la marca
de mano ardiente;
no somos Lázaro.
No llores, no tengas miedo,
en cualquier caso serás mi compañía
y yo la tuya, como siempre ha estado escrito.
Desde el comienzo.

Islandia no es lo mismo

La existencia de lo ausente
se enfatiza (necesidad por aspirina)
y el beneficio de la duda
va a la cápsula: tu credo anuncias.
Secuencias de reacciones energéticas
(a tiempo), la sorpresa siempre
logra premio. Sancti Spíritus,
domingo de tarde, anuncian agua,
las 3 y 33 (lo dijo el profe).
Solo el frío del mantecado pesa más.
Miento cuando digo:
"no hace falta que respondas".
Para empañar las ganas
que se extienden como surcos de batey
rumbo a la Loma del Santo:
cocodrilos en los pies, bikinis
en Bergen. Islandia no es lo mismo,
los surcos no son infinitos.
No hay fuerza matemática ni afina
la fricción. Malecón Hansa hay solo uno.
Los fiordos de Noruega son.

Ofrenda (errata)

Quiero provocarte. Pasar de una palabra
a la oración que ensucie el párrafo.
Busco perderme, adolescente,
en (la semántica de) tu voz.
Dominar el ritmo de tu puño. Simetría
que libera un instante. Quiero ser
la imagen que sube tu espalda y grabar
espirales en tu pecho. Hoy regresaría
a Trinidad, orilla en que te miro.
De vez en cuando hay un sitio donde repaso
el momento negado. Impar. Trampa que veo
tarde. Cada cuadro que atraviesa el plástico,
anunciación permeable, es poro (húmedo).
Aguardo. Memoria de una arena blanca.
Tu figura mientras regreso, impasible.
Es ofrenda, es errata.

Mediodía de un deseo insaciable

Me gusta perderme en esa velocidad
letárgica que arrastras, y responder
la adivinanza de las nubes.
Encapsular el vapor que me regalas.
Enamorarme. Esa brisa (suave) que acaricia
gradualmente la corteza que me esconde.
Reflejos y sombras que se funden.
Movimiento palpable. En cada una de mis venas
se esconde un universo extraño.
Un gemido. El recuerdo que grita tu nombre,
insaciable. Sin reproches.

La extinción del Piraputanga

En latitud-longitud:
25.715947,-80.293158
cuelga mi centro sobre un abismo
(y en él levito).
Translación:
los cristalinos, 90°;
punto de encaje.
Cancelo la línea
(geodésica), rozo tu médula.
Doscientas memorias
por segundo
como aleteo de zunzún
transporto.
Pruebo tu centro
entre persianas
de ventana sepia
(11 resguardan este momento)
y enlazo la intención futura;
y en él pienso:
"los pájaros visitantes, en Queimada Grande,
son los únicos que odian la lluvia;
aunque no más
que a la cabeza de lanza dorada,
las cuatro mil".
La misma lluvia que te revela
cada vez,

como el alcohol con aspirina
de mis huesos.
Obsesión primaria:
la del mono (capuchino) por la nuez,
objeto, evolución (4,568,201).
Al Piraputanga,
la nuez bajo el golpe marco.

Puerta número tres

De guerra soy casualidad;
con hueco en la camisa,
a cuatro pies de altura
(al lado izquierdo), reflejo del tuyo
-aunque la raíz es otra-,
sacudo el velo y paso:
la tercera puerta
(la que conoce sólo tu voz),
donde eres malo
y sufro para domesticar mis bestias
(el hemisferio derecho),
pues la segunda no traspasas.
Mi mente está llena
y aun así, allí pienso en la nada.
Sueño que te has ido
(la cuarta puerta):
se sabe tu mejilla,
el sabor de tu olor, mi centro.
Aclaro (para la gente por ahí
que me pone de poeta -e/""),
no me quejo,
cada día es una granada -un regalo-,
y está activa.

The Hunger and The Bear

The previous hour
gave arms
to the hunger that slept,
like a bear

(in my crazy hair spells)

deep down
in my guts,
quadrant that completes
the eight

(just before the end of a cycle),

like pabulum
to my frenzy fields
lights my way around
the Sun,
during our dry
and monsoon seasons

(comes the hunger).

I seat still,
like a monk
that could only exist

inside a red
little book

(of oriental tales).

The hunger levels
for the week
are placed.
Everyone knows
the door

(is still closed).

Memoria inalcanzable

Cuando tu olor sea memoria
inalcanzable, seré pesar.
Cuando no habites ni aquí ni allá.
Ajeno. Música (muda).
Espacio que agudiza mi deseo, tu ausencia.
Réproba. Falsa oronja que ensombrece
los reflejos, la última imagen,
el gesto sañudo. Secuencia incoherente
tus razones. Incierta existencia
me presagias. El preludio
de mis días grises.
Desalineo de mi pervivencia tu afectuosa gratitud,
cual vano aflujo de cordialidad
en esta hora. Cuando tu olor sea ensueño,
el florecer del San Pedro no será divino.

La madrugada y tú

Sagrado el nacimiento de la madrugada
que despierta tu cuerpo.
Soy sombra que, tendida, llega a tus labios.
Dulzura cálida.
¡Miénteme, amor!
Susurra, entrega tu secreto.
Desgarra la pasión del alma,
tápame el sol. Descubre
este misterio. Bajo el milagro
de tus manos plácidas,
llama mi nombre.
¡Miénteme, amor! Ansíame de nuevo.

Trasmodulación de Santa Inés

Hacia un horizonte
santoral transmuto,
innato gris (dulce nostálgico),
cartesianos me acompañan
a donde las sombras
son insólitas.
San Arcadio,
trasmodulación,
beso sutil, memoria
de colores
que sostienen a una niña,
Santa Cecilia
del Sur del Jíbaro,
un nacimiento.
Futuro que no es su dueño:
donde los minis
se fabrican hay puertas
que invitan a oír música.
Pitufilandia
nació allá. Oscilación
en la inopia,
llego a tu estribo. Allí tampoco
necesito a Virgilio
y, para recordarte, pienso:
si fuera fuerte
como los pilares superpuestos

que sostienen
la nave central de la Ely.
Sobre aceras esculturales
(que entusiasman)
te adivino.
Bajo mares de arcilla,
la secoya,
la longitud de la onda espero.

Ausencia

Hoy desperté.
Oscura tierra y vacío
entre los labios.
A devorar mi voluntad vinieron
hambrientas aves (negras).
Garras de elipse embriagador.
Rostro de mujer.
Fieras que aterran las mañanas.
¡Qué miedo, amor!
Perdí mi sombra y no la encuentro.
Cada rincón me huele a hueso, a polvo,
a esa ceniza que el viento arrastra.
Hoy con tu ausencia
muerte encuentro.

Blood Moon

Movimiento hacia el norte,
a lo largo del horizonte oriental;
la luna llena más cercana
al equinoccio de septiembre
llega hoy. La luz de esta tarde, gravitando,
es memoria de sol, peso que me sitia en el verde.
Mi afán se asoma: es azul;
grietas luminosas (en "nubes grises")
de 7 y 20 proclaman la premura
del día. La luna del cazador
anuncia el tono de la semana. La gloria es:
1. posibilidades infinitas encerradas en un jueves
2. chocolate belga (con mantecado), sosiego de
    domingo y todos tus nombres invitados,
    sin falta.

Compendio: hemisferio derecho

En mi mente subsiste una tormenta
de comportamiento errático,
grieta luminosa,
intervalo en que emerges
(tono salmón)
en nube de 7 y 20.
Acecho que doma mi centro (21.934640, -79.423115):
No me acomplejo;
de vez en cuando me entristece el devenir
y los efectos secundarios,
el magnetismo de la brújula en regiones boreales
(donde todos los rumbos son sur)
pero no me acomplejo.
Si pregunto no es por mí,
nunca por mí.
Constancia de mi memoria
sin (más) antecedente que ayer y el Adansoni:
no existe el emoticón compendio
de mi hemisferio derecho.
El ermitaño me recibe con maestría
y con molino.

Neurotransmisores y alcaloides

Tarde que permanece como fotografía
sin mención. Músculo estático.
Umbral por donde escapa el afán
que grita ese nombre desde un tercer piso.
Por encima de la mesa donde te apunto (de azul),
entre neurotransmisores y alcaloides.
Color testigo de una súplica supuesta. Trazo
del lápiz. La mano (izquierda).
Si conocieras del sabor de tu imagen
en este minuto bajo luces blancas,
robándole mis ojos al zumbido de voces
que adormece mi avidez por tu tacto, tu boca.
Hoy me gusta la Química y que la semana
aún comienza. Mañana enumeraré las ansias
y me gustará la Matemática. Cinco noches
de figuración al otro extremo del que duermes.
Si supieras cuánto.

No me digas "Ok"

No me gusta cuando me dices "Ok".
Es como una metáfora que fracasó,
que quiso ser pero no pudo transportar
nada. No logré el desplazamiento
ilustrado. Con imágenes.
No logré verte decir "Ok".
Mmmmm: Nuestra cinemática captura
de emociones. Esas memorias fotográficas,
inesperadas. Heraldos que me hacen leve el día.
!Qué maravilla ese campo de Amapolas!
Tuyo y mío.

Enlightenment of The Elements

Resucito (es de tarde).
Yo veo la energía de tu cuerpo.
Me tocas, veo tu calor.
Esa esencia de vida que hay en ti me empuja
suavemente al otro lado del umbral.
Me adentro en la corriente del método científico,
me resigno. La otra realidad que odio.
Ansío tu beso, entendimiento en sombras
(como poema). Nacido del misterio de la unión
de 2 moléculas, encuentro mi derrota.
Comprendo mi atracción. Tú y yo,
ser indestructible. Balance iónico
de las moléculas. Como la sal.
Muere el ímpetu. Una unión incompleta
ha nacido. En este instante somos
las moléculas que traen la lluvia.

Domingos de familia

Hoy comprendí que me alimento de muerte.
Hombre esbelto, domingos de familia.
¿Por qué quieres hacerlo todo obvio?
Hombre esbelto, yo te amaba.
¿Por qué tratas de ensuciar este cariño?
Sangrienta cena.
Llora la niña, llora el monte.
Domingos de familia.
Me aflige el chocolate
de redonda forma de maní.
La memoria de tu grito arrastrado.
Hombre esbelto, hombre cruel.
Sangrienta cena.
Domingos de familia.

Oráculo

Tres cuartos de tu cuerpo
se esconden tras velo traslúcido:
las crónicas de Alicia;
sonrisa (de gato) abre el ciclo,
anuncia el nacimiento.
Lumínicas (variables) puntean
esa esquina: oráculo,
nunca de Delfos y aun así
soplo que prolonga tu vida
(soy Pitia); tu punto ciego,
séanse en cruce de caminos.
La luz verde -la que fue hecha
por el hombre y llega después
de la roja-
señala la curva que debo seguir,
la que también señalas tú
cuando me miras y crees que no te veo;
entonces me despido desde la contrapuesta
(no en voz alta, nunca en vos alta):
"nos vemos pronto, pero no allí,
nunca en los espejos".
Hasta que el ciclo nos regale
nuestro axis mundi.

Liudmila hay una sola

(Había una vez una pelusa blanca que vivía en la esquina de una camisa negra -aún no fuete. Ajena a la existencia de la libanesa más bella de la milla milagrosa, se quejaba de lo descolorida que lucía su morada. "Hoy llueve, cada mes más pálido", decía, ajena a la verdad. Mientras más fuete se volvía el negro, más la amaba y protegía la libanesa más bella de la milla milagrosa.)

Descubrimiento del Spondias Mombin L

Instrumentos de poder:
1. laberinto de adoquines
   que revelan coronas de cristal
2. balcones espectadores (de mi animal)
3. memoria preservada
   ("La Habana no es más que una estación de trenes
   y de ella me conozco cada piedra")
4. azul desolado del manglar
   que acaricia la pata del caballo
   (4 km de blanco sur)

Con ellos armonizo el día. Eres colirio:
hallazgo de la ciruela amarilla.
El doble de lo que te llevo
(número primo) tres veces soy.
Espectadora del instante
en que me ves,
me voy entre tabla periódica
(azul) y asteroide.
¿Sabes que muero en estos momentos?
Haces la pregunta más esperada del siglo:
"¿qué haces?", y no puedo materializar la respuesta
más esperada del siglo:
"nada, te espero".

Como el sur del Jíbaro

conversaciones con el profe en SMS

You know you are crazy, right?
Eres como lol y ja jajá.
Una marea de amor, de simpatía.
Hoy no me siento solo.
Why am I crazy?
How es mejor que Why, Inglesita.
Como en los poemas que forman
anillos energéticos. La lentitud del orden
y la constancia de mi resaca. Memorias
de esta vida. Las 12 y 33 de cualquier día.
¿Cómo el Sur del Jíbaro?
Como el Sur del Jíbaro.

El fin

Segundo día de Libra, primer día
en el que la idea de lo que eres (tú)
me provoca tristeza.
Nunca eres parte
de esa lista que tiro
a la altura de la 27
cada mañana
para hacer espacio.
"Pa' la próxima" no funciona aquí.
"Con nosotros"
arrastra un desplazamiento
de tiempo más agudo
y perpetuo
de lo que creo es la verdadera
o más simple intención
(de la frase).
Así que un beso. En fin:
el desierto espinoso
(sur de Madagascar)
y un niño que grita
desde el lejano suroeste.
Por sobre la ciudad fantasma del Namib,
el viento pregunta:
"¿Volveremos a vernos?".
Entre el río Orange
y el Kunene, sobre la duna 7.

Fuga

Ciudad. Cruel,
solitaria, habitada.
Mis ojos se duelen de tus grises,
me enfermo de tu frío. La soledad
que ahonda hasta los huesos sin remedio.
Todos los días me voy del parque.
Sueño, miro mi cuerpo desde allí.
Crepita el sol y resucito. Acariciando
el río que baja por tu pecho.
Se va la muerte con la luz en el monte
de tus brazos. Despierto en la calma
del lobo. Bajo el árbol viejo de mi monte.
Sobre la brisa suave de tu boca.
Respiro hondo.
Quiero esconder ese olor a tierra húmeda.
Voy a mi muerte, mirando al horizonte
escapo de este inmenso hormiguero.

Don Juan, 49 días post mortem

Don Juan despierta sobre la humedad de la piedra.
El sonido, como gongo chino
que involuntariamente salía por su boca,
había sido sorpresa; tanto, que hasta ese instante
no había notado el azul, allá, al final.
¡Ni la sal, toda esa sal! Miles de aletas
(de carmelita oscuro)
se agitan al compás del brillo
que baila sobre el horizonte como cercana imagen
revelando memorias de otro cuerpo
que ya había observado antes tal escena
desde una posición vertical (reposada).
Costa rocosa. Se extiende por millas (alrededor)
como hacía su cuello,
que terminaba en extremidad dividida.
Consciente al fin de la actual existencia,
Juan piensa, como resultado de la innegable
algarabía en la agrupación de machos
sobre la arena de cortejo: "Debe ser temporada
de apareamiento. ¿No quieres caldo?
¡Tres tazas!"; en su caso,
gracias a la temperatura favorable de la temporada,
¡figura de cincuenta!
Agobiado por la sensación
de que su sobrevivencia se ve acosada
por la libertad que posee,

piensa entonces
que tal vez fue mejor la suerte del lémur
de primitiva biología, carente de sosiego,
que habitó el extremo sur de la isla.

A 90°

Cuando nos regale agua el infinito,
te imaginaré con pelo suelto. A noventa
grados de mis ojos. Con sonrisa
de niño que me sé. Por entre mares de amapolas.
Dos colores (recurrentes). Oportuno baile
para regalarte un beso. Constancia,
verdad. Réplica a la futura existencia.
Memoria de tu sobriedad exaltada.
Señuelo para llegar sin presagio de adiós.
En otra realidad. Soy.

Aguaceros espirituanos

Oraciones explicativas, párrafos.
Tus adverbios, las preposiciones. Cierra
esta noche de junio y responde
una pregunta el silencio. Mi incertidumbre,
tu recuerdo. Las piedras que arrastra
aquel río. Por sobre el azul.
Música que huele a (verde) tierra.
Donde se ilumina el espejo de mi mente.
Memoria, descenso
de tu respiración. Ah, el espacio preciso.
El tuyo. Testigo de ese tono agudo
donde tu rostro es tocado por el sol,
entre las hojas, por entre girasoles
que se extienden (esbeltos).
Hasta lo infinito. Bajo aguaceros
espirituanos.

Aliciente (verde) turbio

Amanecer, aguda cercanía, oscuridad
infinita. Pido la memoria consciente
de esta vida. Cada cruce y campo
que conozco. Prométeme, despierto,
esa esquina, duda, pregunta respondida
por otro. Muéstrame el instante, gofio
que sabe dulce, adolescente. Dame
la fórmula. Junto a mis otros dos mechones,
permite los tuyos: los cargaré
conmigo. Aliciente que ilumina (verde turbio).
Día en el que encuentro la amapola,
reconozco la caja (oveja), el niño.
Yo te perdono si te resientes.
Otra vez. Que te cause risa (escondida)
la incoherente imagen de mis palabras.
Estaré en casa, junto a "sombrero" y "rojo".
Pelo suelto: sé de un sitio
para cuando tu párpado se caiga. Sonríe.
Allí seré briosa.
Y tú "¡a la mierda, primavera!".

Profeta (2006)

Diecinueve y aún pido lo mismo
-si pienso en ti-,
en cada rincón (ojos cerrados),
si llueve como en Sancti Spíritus
y es abril,
si hace frío y no logro llegar
a La Habana
y la desolación del aeropuerto
de Holanda se concentra
en el cemento de un banco,
donde encuentran sosiego mis huesos
-si pienso en ti-,
en el ritual del baño,
frente al umbral de todas las puertas
(las 10 y 9): que nos separan
y nos unen donde importa.
Siete: en temporada de esquizofrenia
(en rojo y verde), con olor a pino,
llega el profeta;
se presenta como capitán de navío
-en mi opinión-,
profesión cuestionable, ya que todas
las muchachitas (felices),
modelos de zapatos en mi libro,
le tildan de marimbero.
Él afirma saber de mí

-de amores pasados-,
de la letra que carga mi puño
(genética y verdeagua),
de ti;
me dice que te olvide:
"ahí no hay nada,
aunque los arcanos menores
anuncien su llegada:
ahí no hay nada".
Pero yo soy hija del ermitaño
y mi camino es mío.

Cuentos rusos

Soñé contigo anoche,
como melodía recordada.
La sobriedad infinita de tu ser
allá y aquí, como los cuentos rusos
(para niños). Corta quimera
si la canto. Te ves bien con pelo suelto,
en medio de ese campo (no era Cuba).
Aún puedo oler tu pelo largo.
En el ensueño descubrí:
"no somos un encuentro nuevo"
(en esta realidad).
En ese campo te imagino con reloj;
las 4 y 16. Hoy te extraño doble,
allá y aquí, como los cuentos rusos
(para niños). En un paraje más cerril,
casi europeo.

Las montañas de Bergen

Concentro el tiempo, fenecen
las canas. En las montañas
de Bergen, protegida por pinos
blancos de sutileza japonesa.
Allí nace el hilo (de luz), sólido,
sobre 9325 kilómetros de arcanos.
Golpe limpio, imagen que atraviesa
el pecho. Gesto de la mejilla,
contemplativa satisfacción que acusa:
allí te veo. Instante que (re) habito
cada tarde -las 7 y 33
entre Palmarito y Monserrate.
Pórtico que mueve
mi encaje (llego al sitio).
Desde el este 10°44' entrego
el hilo: visualízalo. Cruza.

Las tiñosas de Poe

Nada es perfecto ni perpetuo
-dulzura que en todo transpira-,
lo que no es
será (en otra vida).
A los gorriones que se creen tiñosas:
amaéstralos, vuélvelos cuervo
y dales uso (como hizo Poe).
Los símbolos me gustan
-desde siempre-,
los sellos mágicos de Salomón,
el poder escondido en las páginas
del Kitab al-bulhan,
las posibilidades
en las coordenadas celestiales,
los grimorios enoquianos,
la verdad que revela el uróboros:
el aleph.
Por eso este poema lleva número
-razonamiento de alquimista-;
en este libro,
corazón,
eres grabado de péndola,
detalle a tinta roja,
innato (de mi mente).
El punto cardinal que importa.

Al oeste de Pomerania (1930)

Los 39°C sobre mi espalda
-en tarde de invierno,
contrapeso a las diez horas
de pretensiones apuradas.
Eres mano izquierda (y frente)
sobre losa fría,
índice y corazón: fricción definida
sobre el pezón (derecho),
y labio inferior entre los dientes
-te muestras;
con fuerza marcada en la muñeca,
corazón,
la magia que faltó esta tarde
(10 minutos de paraíso) me regalas;
se corre el velo.
Santa Cecilia se fue a Polonia,
a observar las curvas
en las raíces de los pinos
que crecen al oeste de Pomerania,
pero extraña a Noruega,
y el olor del pino japonés
(de madera blanca) y tu pelo,
-no quiere estar sola.
¿Me extrañarías si me voy?
Solo él conoce la distancia:
la repetición en la curvatura de un pino

y la alineación de dos sendas.
No te prohíbas este tiempo.

Meat Suit

My core is restless
from the starting line
-this is nothing new-,
it's who I am:
behind my Saint Cecilia's meat suit.
At night I go away,
across the portal that separates
my wants and once had;
the realm where I am free (and) wild,
as it should be
from the starting line
-away from my suit-,
and close to you.
There, I still am restless,
but I am also free from time,
judges and men's laws who serve nothing
but their own decay.
There, I'll wait for you,
and even though it is pitch black
beneath the peak in which I stand:
I jump; back into my daily jacket,
strap each buckle tight
-and wait for you to recognize me.
Remember?:
The starting line.

Indice

Pupila (adentro)................................ 3
Guerreros del nervio............................ 4
Catá y Korsakov................................. 6
Esperando....................................... 7
Entre Twain y Poe............................... 8
Nueve... 9
Mirlo (blanco).................................. 10
Nada tengo...................................... 12
Esta mañana..................................... 13
Postura de monje................................ 14
Las efemérides.................................. 15
Elemento: aire.................................. 16
Intermedio sorpresa............................. 17
Rítmica repetición.............................. 18
Razón matemática................................ 19
Reparador de asonancias......................... 20
Umbral del Hades................................ 21
Islandia no es lo mismo......................... 22
Ofrenda (errata)................................ 23
Mediodía de un deseo insaciable................. 24
La extinción del Piraputanga.................... 25
Puerta número tres.............................. 27
The Hunger and The Bear......................... 28
Memoria inalcanzable............................ 30
La madrugada y tú............................... 31
Trasmodulación de Santa Inés.................... 32

Ausencia	*34*
Blood Moon	*35*
Compendio: hemisferio derecho	*36*
Neurotransmisores y alcaloides	*37*
No me digas "Ok"	*38*
Enlightenment of The Elements	*39*
Domingos de familia	*40*
Oráculo	*41*
Liudmila hay una sola	*42*
Descubrimiento del Spondias Mombin L	*43*
Como el sur del Jíbaro	*44*
El fin	*45*
Fuga	*46*
Don Juan, 49 días post mortem	*47*
A 90°	*49*
Aguaceros espirituanos	*50*
Aliciente (verde) turbio	*51*
Profeta (2006)	*52*
Cuentos rusos	*54*
Las montañas de Bergen	*55*
Las tiñosas de Poe	*56*
Al oeste de Pomerania (1930)	*57*
Meat Suit	*59*

www.ingramcontent.com/pod-product-compliance
Lightning Source LLC
Chambersburg PA
CBHW081508040426
42446CB00017B/3438